Novena

SAN MARTÍN DE PORRES

Por Neftalí Báez

CORAZÓN
RENOVADO

UN POCO DE HISTORIA

Primer santo negro de América. Nació en Lima un 9 de diciembre de 1579. Su madre, Ana Velázquez, era una negra libre y su padre, Juan de Porres, un militar que no quiso reconocerlo como hijo. Desde su nacimiento recibió tratos despreciables por ser mulato bastardo. Ni la Iglesia le permitió ser hermano lego. Martín fue aprendiz de boticario, herbolario y barbero. Perseveró hasta que lo invitaron a ser el criado de la Orden religiosa de Santo Domingo de Guzmán y luego sería por fin fraile. Era alegre, alimentaba y curaba personas y animales enfermos con sus remedios y la imposición de sus manos. El convento tuvo problemas económicos y Martín quiso ser vendido como esclavo. Fundó el Asilo y Escuela de Santa Cruz. Murió en 1639. Hasta 1962 lo canonizó el Papa Juan XXIII diciendo: "Martín excusaba las faltas de otro. Perdonó las más amargas injurias, convencido de que él merecía mayores castigos por sus pecados. Procuró de todo corazón animar a los acomplejados por las propias culpas, confortó a los enfermos, proveía de ropas, alimentos y medicinas a los pobres, ayudó a campesinos, a negros y mulatos tenidos entonces como esclavos. La gente le llama 'Martín, el bueno'."

MILAGRO DE SAN MARTÍN DE PORRES

En Guanajuato, México, una mujer no había podido comer sin vomitar durante los seis meses que llevaba embarazada, por lo que peligraban ella y su bebé. Alguien le recomendó que le rezara al santo. Le rezó a San Martín de Porres y soñó que el santo ponía su mano en su vientre. Ella preguntó cómo era la muerte y él contestó: "No existe la muerte, tampoco la vida; sólo viajamos por distintos rincones de la casa de Dios". Desde entonces la mujer pudo comer sin náuseas. Parió a un robusto bebé. Aquel día otros pacientes recibieron al santo en Estados Unidos, China, España, Polonia, África y otros lugares.

ORACIÓN DIARIA

Ati, San Martín, que nos das fe y esperanza hasta el fin. Te pido que me hagas humilde, que me hagas sereno. Que seas médico de mi alma y mi fiel consejero. Patrón universal de la paz, santo de la escoba, no hay más carisma que tu faz y tu fe protectora. Socórreme hoy San Martín de Porres, como ayudaste a los parias, como ayudaste a los pobres.

HAGA SU PETICIÓN

Aquí estoy hincado a tus pies. Con la luz de tus quinqués que no tienen comparación alumbra a este humilde feligrés que viene a hacerte esta petición.

Te ruego con todo mi corazón me concedas... (se hace la petición)

Esto es un asunto de interés te suplico tu atención me des. Concédeme lo que te pido en esta ocasión y con tu divina protección me ayudes, para que seas tú siempre mi salvación.

Padre Nuestro, que estás en el cielo, santificado sea tu nombre; venga a nosotros tu reino; hágase tu voluntad, en la tierra como en el cielo. Danos hoy nuestro pan de cada día; perdona nuestras ofensas, como también nosotros perdonamos a los que nos ofenden; no nos dejes caer en la tentación, y líbranos del mal. Amén.

Dios te salve, María, llena eres de gracia, el Señor es contigo. Bendita tú eres entre todas las mujeres, y bendito es el fruto de tu vientre: Jesús. Santa María, Madre de Dios, ruega por nosotros, pecadores, ahora y en la hora de nuestra muerte. Amén.

Gloria al Padre, al Hijo y al Espíritu Santo. Como era en el principio, ahora y siempre, por los siglos de los siglos. Amén.

PRIMER DÍA

Hoy por ti, San Martín, mi novena empiezo; te ofrezco mi fe, te ofrezco mi rezo. Esta oración también es una carta, un gozo, una gran fiesta. Barres mis problemas, tomas mi vida y mi ofrenda modesta. Santo mulato que trataste gente de todas las clases, hoy por ti todas las razas hacemos las paces. Remedia mi dolencia, cura mis males, dame paciencia, y cura a mis animales. Santo de la ejemplar inocencia, protégeme de los daños accidentales, dolores físicos o malestares mentales.

Padre Nuestro, que estás en el cielo, santificado sea tu nombre; venga a nosotros tu reino; hágase tu voluntad, en la tierra como en el cielo. Danos hoy nuestro pan de cada día; perdona nuestras ofensas, como también nosotros perdonamos a los que nos

8

ofenden; no nos dejes caer en la tentación, y líbranos del mal. Amén.

Dios te salve, María, llena eres de gracia, el Señor es contigo. Bendita tú eres entre todas las mujeres, y bendito es el fruto de tu vientre: Jesús. Santa María, Madre de Dios, ruega por nosotros, pecadores, ahora y en la hora de nuestra muerte. Amén.

Gloria al Padre, al Hijo y al Espíritu Santo. Como era en el principio, ahora y siempre, por los siglos de los siglos. Amén.

SEGUNDO DÍA

Tú, que recibiste mucha violencia y muchas injurias, te desviviste por ayudar a laicos y también a los curas. Un día como hoy vieron que hiciste el bien en Lima, te tuvieron en México, Estados Unidos y también en China. San Martincito, hazme el milagrito. Tú que puedes ir a curar al enfermo más grave, sea de noche o sea de día: entras y sales sin tener llave. Dame ahora tu bendición, yo te doy mi ruego, mi acto de contrición. Bendito seas, Martín de Porres, en la tierra, en el mar o en las altas torres.

Padre Nuestro, que estás en el cielo, santificado sea tu nombre; venga a nosotros tu reino; hágase tu voluntad, en la tierra como en el cielo. Danos hoy nuestro pan de cada día; perdona nuestras ofensas, como también nosotros

perdonamos a los que nos
ofenden; no nos dejes caer
en la tentación, y líbranos
del mal. Amén.

Dios te salve, María, llena eres de gracia, el
Señor es contigo. Bendita
tú eres entre todas las mujeres, y bendito es el fruto
de tu vientre: Jesús. Santa
María, Madre de Dios, ruega por nosotros, pecado-
res, ahora y en la hora de
nuestra muerte. Amén.

Gloria al Padre, al Hijo
y al Espíritu Santo.
Como era en el principio,
ahora y siempre, por los siglos de los siglos. Amén.

Santo hermano, Martín el bueno, en tu nombre busco el bien propio y también el ajeno. Haz que te conozca cualquier enemigo, esté en tu fe y se vuelva mi amigo. En este momento estás en Japón y al mismo tiempo en Reino Unido, ayudas a otro aunque tu nombre no le sea conocido. Santo mulato: decías que tu mano nos curaba, pero que Diosito santo era quien nos sanaba. Santo, Santísimo Martín de Porres, que siempre barres todos mis temores, hazme el milagrito, tú que siempre me socorres.

Padre Nuestro, que estás en el cielo, santificado sea tu nombre; venga a nosotros tu reino; hágase tu voluntad, en la tierra como en el cielo. Danos hoy nuestro pan de cada día; perdona nuestras ofensas, como también nosotros perdonamos a los que nos ofenden; no nos dejes caer en la tentación, y líbranos del mal. Amén.

Dios te salve, María, llena eres de gracia, el Señor es contigo. Bendita tú eres entre todas las mujeres, y bendito es el fruto de tu vientre: Jesús. Santa María, Madre de Dios, ruega por nosotros, pecadores, ahora y en la hora de nuestra muerte. Amén.

Gloria al Padre, al Hijo y al Espíritu Santo. Como era en el principio, ahora y siempre, por los siglos de los siglos. Amén.

CUARTO DÍA

San Martín que curas al hombre y también al mastín. Hiciste comer al perro, al ratón y al gato, en paz y en el mismo plato. Con tu gran escoba me limpias el camino, y quitas lo que tanto le estorba a mi diario destino. Con vendas y tibio vino curaste las piernas de un lindo niño. Así te pido que no me dejes a solas, no me dejes doliente, hoy que te necesito a todas horas, hoy que mi alma se arrepiente. Ven a mí, atiende mis ruegos, usa tu levitación: ven desde lejos a darme tu bendición.

Padre Nuestro, que estás en el cielo, santificado sea tu nombre; venga a nosotros tu reino; hágase tu voluntad, en la tierra como en el cielo. Danos hoy nuestro pan de cada día; perdona nuestras ofensas, como también nosotros perdonamos a los que nos

14

ofenden; no nos dejes caer en la tentación, y líbranos del mal. Amén.

Dios te salve, María, llena eres de gracia, el Señor es contigo. Bendita tú eres entre todas las mujeres, y bendito es el fruto de tu vientre: Jesús. Santa María, Madre de Dios, ruega por nosotros, pecadores, ahora y en la hora de nuestra muerte. Amén.

Gloria al Padre, al Hijo y al Espíritu Santo. Como era en el principio, ahora y siempre, por los siglos de los siglos. Amén.

QUINTO DÍA

San Martín de Porres: por todo el mundo hay testimonios jurados, que dan cuenta de todos tus milagros. Tú que de noche levitabas entre resplandores, pero nunca quisiste hablar de todos tus dones, a mis rivales no les traigas ninguna maldad, no deseo dolor a mis enemigos; como iguales hazlos a todos regresar, por favor, a los buenos caminos. Gran Santo negro, hermano que tanto quiero, eres tan claro ejemplo de humildad, sigue trayendo aliento y alegría a toda la humanidad.

Padre Nuestro, que estás en el cielo, santificado sea tu nombre; venga a nosotros tu reino; hágase tu voluntad, en la tierra como en el cielo. Danos hoy nuestro pan de cada día; perdona nuestras ofensas, como también nosotros perdonamos a los que nos

ofenden; no nos dejes caer en la tentación, y líbranos del mal. Amén.

Dios te salve, María, llena eres de gracia, el Señor es contigo. Bendita tú eres entre todas las mujeres, y bendito es el fruto de tu vientre: Jesús. Santa María, Madre de Dios, ruega por nosotros, pecadores, ahora y en la hora de nuestra muerte. Amén.

Gloria al Padre, al Hijo y al Espíritu Santo. Como era en el principio, ahora y siempre, por los siglos de los siglos. Amén.

SEXTO DÍA

San Martín, que empiezas curando en Estados Unidos y terminas ayudando en Pequín. Que al pobre vestiste y cuidaste al desnutrido, tu fe las pruebas resiste, en ti tenemos asilo. Antes de que te pidan ayuda tú ya obraste milagros, nos perdonas, nos cuidas, en todos nuestros descalabros. El don de la videncia te sirve para adelantarte al necesitado, así yo ayudaré al que ya está a punto de cometer un pecado. Dame una señal: levanta con tu escoba una nube de polvo; y yo sabré que estás combatiendo al mal con un bien muy alto y muy hondo.

Padre Nuestro, que estás en el cielo, santificado sea tu nombre; venga a nosotros tu reino; hágase tu voluntad, en la tierra como en el cielo. Danos hoy nuestro pan de cada día;

18

perdona nuestras ofensas, como también nosotros perdonamos a los que nos ofenden; no nos dejes caer en la tentación, y líbranos del mal. Amén.

Dios te salve, María, llena eres de gracia, el Señor es contigo. Bendita tú eres entre todas las mujeres, y bendito es el fruto de tu vientre: Jesús. Santa María, Madre de Dios, ruega por nosotros, pecadores, ahora y en la hora de nuestra muerte. Amén.

Gloria al Padre, al Hijo y al Espíritu Santo. Como era en el principio, ahora y siempre, por los siglos de los siglos. Amén.

SÉPTIMO DÍA

Martín de Porres: dame seguridad para enfrentar mis terrores. Santo de paz, patrono de afanadores. Tú pudiste levitar como canto al viento y te vendiste como esclavo para salvar al convento. Necesito que me aconsejes, Martín, quiero que de mi vida nunca te alejes, quédate aquí. Un día como éste, santo, sanaste a un zapatero usando un simple pedazo de cuero. Ayúdame con lo que necesito tanto, que yo contigo todo lo puedo.

Padre Nuestro, que estás en el cielo, santificado sea tu nombre; venga a nosotros tu reino; hágase tu voluntad, en la tierra como en el cielo. Danos hoy nuestro pan de cada día; perdona nuestras ofensas, como también nosotros perdonamos a los que nos ofenden; no nos dejes caer en la tentación, y líbranos del mal. Amén.

Dios te salve, María, llena eres de gracia, el Señor es contigo. Bendita tú eres entre todas las mujeres, y bendito es el fruto de tu vientre: Jesús. Santa María, Madre de Dios, ruega por nosotros, pecadores, ahora y en la hora de nuestra muerte. Amén.

Gloria al Padre, al Hijo y al Espíritu Santo. Como era en el principio, ahora y siempre, por los siglos de los siglos. Amén.

OCTAVO DÍA

Santo Martín el bueno, el de la humildad sin fin: haz realidad mi sueño. Haces germinar rápido a las plantas mientras expulsas el mal y al señor le cantas. Varias veces luchaste y venciste al diablo, mis ruegos escuchaste, de tus milagros yo hablo. Santo patrono de los barberos, hazme lucir como la buena gente, trae a la sed de mi alma todos tus aguaceros. Líbrame de enemigos, San Martincito de Porres, como sacaste del convento a todos los ratones.

Padre Nuestro, que estás en el cielo, santificado sea tu nombre; venga a nosotros tu reino; hágase tu voluntad, en la tierra como en el cielo. Danos hoy nuestro pan de cada día; perdona nuestras ofensas, como también nosotros perdonamos a los que nos ofenden; no nos dejes caer en la tentación, y líbranos del mal. Amén.

Dios te salve, María, llena eres de gracia, el Señor es contigo. Bendita tú eres entre todas las mujeres, y bendito es el fruto de tu vientre: Jesús. Santa María, Madre de Dios, ruega por nosotros, pecadores, ahora y en la hora de nuestra muerte. Amén.

Gloria al Padre, al Hijo y al Espíritu Santo. Como era en el principio, ahora y siempre, por los siglos de los siglos. Amén.

NOVENO DÍA

San Martín de Porres, santo de limpieza y premoniciones, este noveno día agradezco tus logros y bendiciones. Te canto sin freno y con mucha alegría. Santo bueno, descanso en tu compañía. Dame limpieza, dame salud, lléname de paciencia y la bendición de Jesús. Que no nos falten tus remedios, tu amparo, las bromas y todos tus juegos. Me quedo en tus cuidados, me fe se va contigo a hacer por el mundo milagros.

Padre Nuestro, que estás en el cielo, santificado sea tu nombre; venga a nosotros tu reino; hágase tu voluntad, en la tierra como en el cielo. Danos hoy nuestro pan de cada día; perdona nuestras ofensas, como también nosotros perdonamos a los que nos ofenden; no nos dejes caer en la tentación, y líbranos del mal. Amén.

Dios te salve, María, llena eres de gracia, el Señor es contigo. Bendita tú eres entre todas las mujeres, y bendito es el fruto de tu vientre: Jesús. Santa María, Madre de Dios, ruega por nosotros, pecadores, ahora y en la hora de nuestra muerte. Amén.

Gloria al Padre, al Hijo y al Espíritu Santo. Como era en el principio, ahora y siempre, por los siglos de los siglos. Amén.

ORACIÓN FINAL

Quedo en tu protección y en tu poder, hermano peruano, santo de fe. Con tu escoba limpias la vida y nos muestras humildad, nos enseñas la salida para cualquier dificultad. San Martín de Porres: santo de todos los amores, tu vida nos trajo milagros, nos trajo colores. Santo negro, hermano de luz, siempre me ayudas a cargar con mi cruz. Gracias, bendito moreno, por cuidarme, por darme sosiego, por dar de comer al sano y también al enfermo. Por curar al animal, a la planta, al hombre y a la mujer: te bendecimos, te honramos y con Cristo decimos: amén.

Padre Nuestro, que estás en el cielo, santificado sea tu nombre; venga a nosotros tu reino; hágase tu voluntad, en la tierra como en el cielo. Danos hoy nuestro pan de cada día;

26

perdona nuestras ofensas, como también nosotros perdonamos a los que nos ofenden; no nos dejes caer en la tentación, y líbranos del mal. Amén.

Dios te salve, María, llena eres de gracia, el Señor es contigo. Bendita tú eres entre todas las mujeres, y bendito es el fruto de tu vientre: Jesús. Santa María, Madre de Dios, ruega por nosotros, pecadores, ahora y en la hora de nuestra muerte. Amén.

Gloria al Padre, al Hijo y al Espíritu Santo. Como era en el principio, ahora y siempre, por los siglos de los siglos. Amén.

Papá Dios: que tu sabiduría nos guíe; que tu luz ilumine nuestro camino; que tu amor nos de paz; que tu poder nos proteja, y que por donde quiera que caminemos, tu presencia nos acompañe. Gracias Papá Dios que ya nos oíste. Amén.